Essie

Et si j'étais riquiqui !

Claire Clément a commencé à écrire à 10 ans, pour prolonger l'imaginaire qu'elle découvrait avec ravissement dans les livres. Écrire des histoires qui émeuvent les enfants, c'est pour Claire, un défi qui allume son regard, fait palpiter son cœur, envahit sa tête. Mais ses quatre enfants se chargent de la ramener sur terre... heu... sur l'eau plutôt. Car Claire vit sur une péniche à Joinville-le-Pont. Elle est également chef de la rubrique romans au magazine *D Lire* à Bayard Presse.

Du même auteur dans Bayard Poche :
Une sorcière pas ordinaire - Le facteur du ciel - La folle course de Maman Poule (Les belles histoires)
Et si je changeais de maman ? - Et si j'étais maîtresse ?- Et si j'étais un garçon ? (Mes premiers J'aime lire)

Robin est né en 1969. Tout petit, il attrape le virus du dessin ! En sortant de son école d'art, Robin entre à la rédaction de *Grain de soleil*, à Bayard. C'est là qu'il reçoit son célèbre surnom : des enfants ont remarqué sa ressemblance avec le meilleur copain de Batman ! Aujourd'hui, Robin est directeur artistique du magazine *Mes premiers J'aime lire*. Parallèlement, il consacre beaucoup de temps à dessiner et illustre des livres pour différents éditeurs jeunesse.

Du même auteur dans Bayard Poche :
Le ballon perché - Pas si vite, Julia ! - Et si je changeais de maman ? - Et si j'étais maîtresse ? - Et si j'étais un garçon ? (Mes premiers J'aime lire)

Deuxième édition

Dépôt légal : février 2008
ISBN : 978-2-7470-2544-7
Loi du 16 juillet 1949 sur les publications destinées à la jeunesse.

Essie

Et si j'étais riquiqui ?

Une histoire écrite par Claire Clément
illustrée par Ⓡobin

mes premiers j'aime lire
BAYARD POCHE

Essie est horrifiée. Bouffon, son chat adoré, tient une souris dans la gueule !

– Bouffon, s'écrie Essie, lâche-la tout de suite ! Ça va pas, la tête ? Si ça se trouve, elle a un papa, une maman, des frères et des sœurs qui l'attendent… Allez, petite souris, cours vite retrouver ta famille !

Au fait, je la suivrais bien dans son trou, moi, pour voir ce qui s'y passe…

Tiens, et si…
Et si j'étais riquiqui ?

Aussitôt dit, aussitôt… Essie devient riquiqui, aussi petite que la souris – et même plus petite encore.

Hop ! Elle la suit dans son trou.

Le papa, la maman, les frères et les sœurs entourent leur petite souris. Soudain, ils aperçoivent Essie.

Ils poussent des cris d'émerveillement :

– Oooooh… Trotrognu ! Trotrognu !

Ce qui veut dire : « Comme elle est trognonne ! »

Essie n'en revient pas : elle comprend le langage des souris !

Et voilà que la maman souris attrape Essie, la couche dans un berceau qu'elle balance en murmurant :

– Létoutamoi, trotrognu… trotrognu…

Toute la famille souris se penche sur le berceau en répétant :

– Trotrognu… trotrognu…

C'est rigolo de redevenir un bébé. Mais Essie n'est pas venue pour se faire pouponner !

– Puisque je suis là, dit-elle, profitez-en ! Vous aimez votre vie ? Vous êtes contents ?

– Miam bidon ! Nupella ! scandent les souris.

Du Nupella ? Mais bien sûr ! Essie aussi adore ça ! Elle en mange chaque matin sur des tartines de pain ! Comment n'y a-t-elle pas pensé ?

C'est alors qu'un bruit terrible retentit dans la maison des souris.

Que se passe-t-il ?

Oh là là, c'est Bouffon qui miaule !

Il cherche Essie, il l'appelle, il pleure, le pauvre Bouffon…

Vite, Essie saute du berceau.

– Je ne vous oublierai pas ! s'écrie-t-elle. Promis, juré, craché !

Et elle se sauve de son trou de souris.

Quand Essie réapparaît, Bouffon est fou de joie. Il se précipite sur elle pour la câliner, la léchouiller. Elle est trop mignonne, cette Essie riquiqui…

Essie, elle, n'en a pas envie ! Pas envie du tout !

– Arrête, Bouffon, ou je vais m'énerver !

Mais Bouffon n'entend pas la petite voix d'Essie.

Pfuit ! Essie se réfugie dans son train à piles.

Dans les wagons, il y a Nakinœil, le pirate, Oreillepercée, l'Indien, et Opheu, le pompier.

– Attention, les voyageurs ! C'est l'heure ! claironne-t-elle. Tout le monde a son ticket ?

– Tais-toi et roule ! répondent les passagers en chœur.

Ils sont tellement pressés de voyager !

Un peu vexée, Essie appuie sur le bouton, et le train démarre.

Le train file à toute allure, tuuu-tuuut ! Essie se retourne vers ses passagers :

– Ohé, les amis, puisque je suis là, profitez-en ! Vous aimez votre vie ? Vous êtes contents ?

– Non, non et non ! râlent les voyageurs. Nous, on veut se promener ! On veut voir du pays !

Mais bien sûr ! Il y a si longtemps qu'Essie n'avait pas joué avec son train ! Ils se sentaient abandonnés ! Comment n'y a-t-elle pas pensé ?

Ce train qui passe et repasse agace Bouffon. Il pose la patte dessus.

Patatras, c'est l'accident ! Le petit train se renverse.

Essie et les passagers aussi.

Elle a juste le temps de leur crier :

– Je ne vous oublierai pas ! Promis, juré, craché !

Aussitôt, Bouffon se précipite sur elle, pour la câliner, la léchouiller... Elle est trop mignonne, cette Essie riquiqui...

Essie, elle, n'en a pas envie ! Pas envie du tout !

Elle tire la queue de Bouffon en criant :

– Laisse-moi tranquille, tête de bois, ou je vais m'énerver !

Mais Bouffon n'entend pas la petite voix d'Essie.

Il tourne pour essayer de l'attraper. Il tourne, tourne, de plus en plus vite, et hop ! sans le faire exprès, il l'envoie valser... Plouf ! dans l'aquarium !

Essie s'enfonce dans l'eau, puis elle remonte à la surface.

Anatole, le poisson rouge, est tout excité. Jamais il n'a reçu de visite !

– Tu me reconnais ? C'est moi, Essie, qui te donne des asticots…

– Glou gloui…, répond Anatole.

Il est si heureux qu'il invite Essie à monter sur son dos. Essie s'agrippe à ses nageoires et se laisse emporter.

– Puisque je suis là, profites-en ! dit-elle à Anatole. Tu aimes ta vie ? Tu es content ?

Anatole frétille de la queue. Oui, il est content parce qu'Essie est là, sinon…

Mais bien sûr ! Il a besoin de compagnie, nom d'un poisson pané ! Comment n'y a-t-elle pas pensé ?

Peu après Essie se met à trembler ; elle a froid.

Anatole s'en aperçoit, et hop ! d'un coup de queue, il la propulse hors de l'aquarium.

– Je ne t'oublierai pas ! lui crie Essie. Promis, juré, craché !

Essie atterrit sur la moquette du salon.

Son papa et sa maman discutent, assis sur le canapé.

Essie court se cacher derrière.

– Hi ! hi ! glousse-t-elle. Puisque je suis là, profitons-en ! Vous aimez votre vie ? Vous êtes contents ?

Seulement, les parents d'Essie n'entendent pas sa petite voix.

– Comme elle devient sage, notre Essie ! dit sa maman.

Essie, dans sa cachette, pouffe de rire.

– Oui, elle grandit et elle me fait moins de bisous…, répond son papa.

La maman d'Essie se moque :

– Oh, il n'a pas assez de bisous, mon petit chéri ?

Et smack ! elle lui en fait un gros, un vrai bisou d'amoureux.

Essie rigole, se trémousse, gigote, se tortille de rire… Un peu trop parce que…

Son papa se retourne :

– Qu'est-ce que c'est que ce drôle de bruit ? On dirait que ça bougeotte dans ce coin-là…

Vite, Essie se sauve, mais pas assez vite.

– UNE SOURIS ! hurle sa maman. AU SECOURS !

Son papa bondit.

– Souris, où es-tu ? Sors de ta cachette…

Ha ! ha ! Quand on est petit, c'est facile de se cacher !

Essie s'en donne à cœur joie !

– Coucou, je suis là !

– Par ici !

– Eh non, par là !

– Vous ne me voyez pas ?

– Vous êtes aveugles, ou quoi ?

Allez, Bouffon, hue dada !

Bouffon fonce tout droit dans la cuisine.

Sur la table trône un gâteau au chocolat tout moussu, tout crému. Miam bidon ! Bouffon saute sur la table, il penche la tête, donne quelques coups de langue.

Essie, sur son dos, commence à glisser… glisser, glisser…

– Bouffon, je vais…!

Trop tard ! Essie tombe en plein dans le gâteau au chocolat tout moussu, tout crému !

Alors, deux doigts l'agrippent comme des mâchoires, et la voix de sa maman gronde :

– Qu'est-ce que c'est que cette horreur ? Quelle affreuse bestiole ! Marron et poisseuse ! Berk, à la poubelle !

À LA POUBELLE ? Elle, ESSIE ?

Ah non ! Essie n'en a pas envie ! Pas envie du tout !

– Poooouuuuuuuce, JE NE JOUE PLUS !

Délicatement, Bouffon l'emporte en lieu sûr.

Ouf, je l'ai échappé belle !
Maintenant, je dois tenir mes promesses.
Un peu de Nupella pour les souris.

Ces trois-là iront
à l'école avec moi,
ils verront du pays.

Un ami pour Anatole !

Et mon papa,
où est mon papa ?
Oh, le voilà !

Quant à toi, Bouffon, mon chat si mignon, j'ai une envie folle de te câliner…

Il est trop mignon, le petit Bouffon… Trotrognu… trotrognu…

Achevé d'imprimer en mai 2008 par Oberthur Graphique
35000 RENNES – N° Impression : 8539
Imprimé en France